BEI GRIN MACHT SICH IHR WISSEN BEZAHLT

- Wir veröffentlichen Ihre Hausarbeit, Bachelor- und Masterarbeit

- Ihr eigenes eBook und Buch - weltweit in allen wichtigen Shops

- Verdienen Sie an jedem Verkauf

Jetzt bei www.GRIN.com hochladen und kostenlos publizieren

Bibliografische Information der Deutschen Nationalbibliothek:

Die Deutsche Bibliothek verzeichnet diese Publikation in der Deutschen National-
bibliografie; detaillierte bibliografische Daten sind im Internet über http://dnb.d-
nb.de/ abrufbar.

Impressum:

Copyright © 2016 GRIN Verlag
Druck und Bindung: Books on Demand GmbH, Norderstedt Germany
ISBN: 9783346017345

Dieses Buch bei GRIN:

https://www.grin.com/document/497498

Alexandra Kagerer

Positionen lateinamerikanischer Kinderbewegungen bezüglich Kinderarbeit

GRIN Verlag

GRIN - Your knowledge has value

Der GRIN Verlag publiziert seit 1998 wissenschaftliche Arbeiten von Studenten, Hochschullehrern und anderen Akademikern als eBook und gedrucktes Buch. Die Verlagswebsite www.grin.com ist die ideale Plattform zur Veröffentlichung von Hausarbeiten, Abschlussarbeiten, wissenschaftlichen Aufsätzen, Dissertationen und Fachbüchern.

Besuchen Sie uns im Internet:

http://www.grin.com/

http://www.facebook.com/grincom

http://www.twitter.com/grin_com

Inhalt

1.Einleitung

Die lateinamerikanische Welt weist nicht nur ein Spektrum an verschiedenartigen Traditionen, Bräuchen, Sprachen auf, sondern kennzeichnet sich, wie jede Kultur auch durch eine spezielle Mentalität und eigene Ansichten und Haltungen gegenüber gewissen Aspekten aus, die sich grundlegend von der westlichen Welt unterscheiden.

Eines dieser unterschiedlichen Sichtweisen wird in dem Phänomen der Kinderarbeit sichtbar. In der vorliegenden Arbeit nehme ich mich dieser Thematik aus dem Blickwinkel der Betroffenen an und versuche eine Antwort bezüglich ihrer Standpunkte und Haltungen zu formulieren. Dabei beschränke ich mich ausschließlich auf diejenigen, die sich in den sogenannten Kinderbewegungen zusammen geschlossen haben, da sie sich ausdrücklich zu der von mir gestellten Frage positionieren.

Das Ziel ist es, durch die Darstellung ihrer Sichtweisen eine differenzierte Wahrnehmung der Facetten von Kinderarbeit herbeizuführen, da die westliche Welt meist ein einseitiges Bild davon hat. Meiner Meinung nach ist es ebenso von Bedeutung, die Forderungen, die die Organisationen arbeitender Kinder und Jugendlicher äußern zu veranschaulichen, da ihre Stimme national sowie international oft ungehört bleibt. Es soll ein Verständnis erlangt werden, welche gesellschaftlichen Veränderungen, aus der Sicht der Kinder notwendig sind, um ihren Lebensalltag positiv zu verbessern.

Im ersten Teil der Arbeit gehe ich auf die lateinamerikanische Welt im Allgemeinen ein. Dies entspringt dem Gedanken, die Wesensmerkmale organisierter Selbsthilfebewegungen inmitten von Kinderarbeit vorzustellen, wobei dabei die Meinungen der arbeitenden Kinder und Jugendlichen in diesem großen geographischen Raum im Wesentlichen erfasst ist. Durch die Kenntnis des Grundgedankens wird die ausgewählte Bewegung MANTHOC lediglich dazu dienen, mit einem geschärften Blick die Leitidee der Organisationen arbeitender Kinder und Jugendlicher aus peruanischer Initiative zu betrachten.

2. Kinderbewegungen in Lateinamerika

2.1 Was versteht man unter einer Kinderbewegung?

Bei einer näheren Auseinandersetzung mit dem Thema, welche Einstellung Kinder und Jugendliche zu der von ihnen verrichteten Arbeit haben, stößt man schnell auf den Begriff *Kinderbewegung*. Dieser Zusammenschluss von arbeitenden Kindern und Jugendlichen ist der Ausgangspunkt, mit dem man sich befassen muss, um eine konkrete Antwort darauf zu finden, welche Wünsche, Forderungen und Sichtweisen von den Mitgliedern vertreten werden, die innerhalb dieser Organisation frei geäußert werden und die auch das Umfeld nicht ignorieren kann.

Zunächst muss also geklärt werden, was eine Kinderbewegung ist und Manfred Liebels Ansicht nach lässt sie sich folgendermaßen definieren: „Kinderbewegungen (...) sind soziale Bewegungen, bei denen Kinder selbst den Ton angeben und das letzte Wort haben"(Liebel, 1997, S. 118). Des Weiteren betont er, dass es essentiell sei, dass die Kinder darin als Akteure auftreten und „in gemeinsamer Anstrengung und Verantwortung eigene Ziele artikulieren" (Liebel, 1997, S. 118).
Der Begriff Kinderbewegung ist irreführend, da er Jugendliche scheinbar auszuschließen scheint. Deswegen ist darauf zu achten, dass „sich die Bezeichnung 'arbeitendes Kind' auf vielfältige Arbeits- und Lebensumstände von Kindern und Jugendlichen bis 18 Jahre bezieht" (Kleeberg-Niepage, 2007, S. 253).

Der Begriff, der in Lateinamerika verwendet wird um die Organisationen zu beschreiben lautet NATs, ausgeschrieben: Niños, Niñas y Adolescentes Trabajadores, was übersetzt lautet: arbeitende Jungen, Mädchen und Jugendliche vgl. (ProNATs e.V., o.J.).
Alle wichtigen Aspekte werden somit abgedeckt und daher werde ich im weiteren Verlauf der Arbeit nicht den deutschen Begriff Kinderbewegung verwenden sondern auf den spanischen NATs zurückgreifen oder von den Organisationen arbeitender Kinder und Jugendlichen sprechen.

Im Übrigen muss erwähnt werden, dass Liebel zwei unterschiedliche Erscheinungen der Organisationen von arbeitenden Kindern und Jugendlichen aufzeigt.

Es gibt zum einen die „spontanen Formen der Selbstorganisation der Kinder", die eine „Auseinandersetzung mit skeptischen bis feindlichen Erwachsenengruppen durchlaufen" und diejenigen welche, „über landesweit angelegte Strukturen verfügen" und die Unterstützung von Erwachsenen erfahren (Liebel, 1997, S. 118).

Auf letztere ist in der vorliegender Arbeit der Fokus ausgerichtet. Dabei soll nun die Aufgabe der Erwachsenen näher erläutert werden. Ihr Auftrag ist es, den Kindern eine Stütze zu sein und ihnen bei der Verwirklichung ihrer Interessen beizustehen, z.B. in Form von Beratung. Dies geschieht aber nur, wenn es auch ausdrücklich von den Kindern erwünscht wird. Die Wahrnehmung von Leitungspositionen ist für Erwachsene somit ausgeschlossen vgl. (Liebel, 1997, S. 118) und (ProNATs e.V., o.J.).

Was man noch einer näheren Betrachtung unterziehen sollte, ist die Finanzierung solcher Organisationen. Damit sie an Geld gelangen, ist z.B. die Zusammenarbeit mit Nichtregierungsorganisationen üblich, die finanzielle Unterstützung leisten. Eine weitere Option, wie die Kinder und Jugendlichen sich die nötigen finanziellen Mittel verschaffen, sind die Mitgliedsbeiträge.
Bei einigen Organisationen kostet der Erwerb einer Mitgliedskarte Geld, welches anschließend als Beitrag berechnet wird, andere wiederum ziehen den Beitrag unmittelbar von den Löhnen der Teilnehmer ab.
Ferner stellt auch das Geld, das durch Veranstaltungen der Organisationen erbracht wird, eine Einkommensquelle dar vgl. (ProNATs e.V., o.J.).

Auf die konkreten Forderungen wird im weiteren Verlauf der Arbeit noch eingegangen, dennoch soll an dieser Stelle beschrieben werden, welches grundsätzliche Ziel sie verfolgen. Das Hauptanliegen ist eine Verbesserung der Stellung der arbeitenden Kinder und Jugendlichen herbeizuführen. Die Anerkennung der Gesellschaft für ihre ausgeführten Tätigkeiten, also das Ausüben von Arbeit, und der Wunsch als ArbeiterIn nicht als ein Opfer wahrgenommen zu werden, hat für sie große Bedeutung vgl.(Kleeberg-Niepage, 2007, S. 252).

2.2 Zahlen und Arbeitssituation der Kinder und Jugendlichen weltweit und in Lateinamerika

Mit Arbeitssituation ist im Folgenden gemeint, die verschiedenen Arbeitsfelder der Kinder und Jugendlichen darzustellen. Konkrete Zahlen der arbeitenden Kinder und Jugendlichen in bestimmten Bereichen aufzustellen, ist dabei jedoch ein schwieriges Unterfangen.

Die folgenden Darstellungen beruhen auf Liebels Ausführungen (Liebel, 2001, S. 63).

Nach seiner Ansicht komme es vor, dass Kinder, die arbeiten *und* zur Schule gehen, in Statistiken der Regierungen trotzdem als nicht arbeitende Kinder registriert werden, obwohl die Zeit, die dem Nachgehen der Arbeit gewidmet wird höher ausfällt als die Zeit für das Besuchen der Schule.

Des Weiteren geschieht es, dass bei einigen Statistiken nur diejenigen als ArbeiterInnen festgehalten werden, die Teilzeit arbeiten, bei anderen nur die Vollzeit-ArbeiterInnen. Manchmal werden auch Kinder und Jugendliche als ArbeiterInnen eingestuft, die nur gelegentlich einer Arbeitstätigkeit nachgehen.

Außerdem darf nicht die Tatsache außer Acht gelassen werden, dass „in vielen Ländern Kinder, die das Mindestalter für eine legale Arbeitsaufnahme noch nicht erreicht haben (...) überhaupt nicht mitgezählt werden, um nicht den Eindruck entstehen zu lassen, in dem Land werde gegen internationale Vereinbarungen oder die eigenen Gesetze verstoßen" (Liebel, 2001, S. 63). Was man zudem beachten muss, ist dass „aus Statistiken und Erhebungen oft nicht hervorgeht, ob sich die Angaben auf einen bestimmten Zeitpunkt oder auf einen bestimmten Zeitraum beziehen" (Liebel, 2001, S. 63).

Er macht deutlich, dass ein Kind also an dem Tag oder in dieser Woche der Befragung gearbeitet haben kann, aber ansonsten generell keiner Arbeit nachgeht. Außerdem werden somit „saisonal oder sporadisch arbeitende Kinder" außer Acht gelassen (Liebel, 2001, S. 63).

Trotz dieser Einschränkungen liefert UNICEF Zahlen über die Arbeitsfelder, in denen Kinder und Jugendliche weltweit tätig sind.

Die meisten Kinder und Jugendlichen sind laut UNICEF mit einer Zahl von 98 Millionen in der Landwirtschaft beschäftigt. Die nächstgrößere Gruppe ist die der Dienstleistungen mit 54 Millionen Beschäftigten. Des weiteren sind ungefähr 15 Millionen in Haushalten beschäftigt und ca. 12 Millionen ArbeiterInnen lassen sich im informellen Sektor finden vgl.(Charbonneau, 2016).

In Lateinamerika soll es schätzungsweise 14 Millionen arbeitende Kinder und Jugendliche geben vgl.(Weber, o.J.).

Dabei handelt es sich meist um Arbeit in der Landwirtschaft, sowie dem informellen Sektor vgl.(ProNATs e.V., o.J.).

Das folgende Zitat beschreibt die Beschäftigungen, denen speziell im lateinamerikanischen informellen Sektor nachgegangen wird:

> *„Die Tätigkeiten im informellen Sektor sind außerordentlich vielfältig, konzentrieren sich aber hauptsächlich auf persönliche Dienstleistungen (Schuhputzer, Kleintransporte, Autowäsche etc.), Klein- und Kleinsthandel (oftmals in ambulanter Form), Reparaturen und handwerkliche Erzeugnisse"* (Quetzal. Leipziger Lateinamerika-Verein [e.V.], 1995).

2.3 Definition von Kinderarbeit im Sinne der Kinderbewegungen und ihre Forderungen

Zu Beginn dieses Kapitels muss an erster Stelle die grundlegendste Sichtweise der arbeitenden Kinder und Jugendlichen geklärt werden; diejenige bezüglich der Kinderarbeit. Der Begriff soll so definiert werden, dass er der Vorstellung der NATs so nahe wie möglich kommt.

Da Kinderarbeit aber unterschiedliche Formen beinhaltet, sollen erst jene aufgezeigt werden, welche von den arbeitenden Kindern und Jugendlichen in den Organisationen in ihrem Lebensalltag *nicht* praktiziert und somit im weiteren Verlauf der Arbeit ausgeschlossen werden können.

Dabei wird mit den folgenden Erläuterungen als Erstes aufgezeigt, dass die westlichen Vorstellungen von Kinderarbeit sich nicht mit denen der NATs decken.

„Im Westen wird *Kinderarbeit* [Hervorhebung im Original] assoziiert mit der Periode schlimmster Ausbeutung während der Industrialisierung im 19.Jahrhundert, sie gilt als historisches Phänomen, das – abgesehen von der so genannten 'Dritten Welt' – längst überwunden ist" (Kleeberg-Niepage, 2007, S. 43).

Das Phänomen wird also, neben dem historischen, eindeutig den Entwicklungsländern zugeschrieben und wird im übrigen als „Kinderprostitution, Kindersklaverei, Kinderhandel, Kinderpornographie, Kindersoldaten oder die Schufterei in so genannten Sweatshops" wahrgenommen (Kleeberg-Niepage, 2007, 43 f.).

Diese Aufzählung beinhaltet die „schlimmsten Formen der Kinderarbeit", die u.a. in der ILO-Konvention Nr. 182 erwähnt werden:

„Sklaverei und sklavenähnliche Abhängigkeiten, Zwangsarbeit einschließlich des Einsatzes von Kindersoldaten, Kinderprostitution und Kinderpornographie, kriminelle Tätigkeiten wie den Missbrauch von Kindern als Drogenkuriere sowie andere Formen der Arbeit, die die Sicherheit und Gesundheit der Kinder gefährden können" (Charbonneau, 2016).

Diese Arten der Kinderarbeit verletzten die Würde des Menschen aufs äußerste und stehen in keinster Weise im Zusammenhang mit den NATs, die bei dem Begriff Kinderarbeit etwas vollkommen anderes verknüpfen.
Dies betont auch Kleeberg-Niepage mit folgender Aussage: „Die so genannten ‚schlimmsten Formen' sind aber eine eigene Thematik, von den Organisationen der arbeitenden Kindern werden diese gar nicht als Arbeit, sondern als Straftaten gewertet" (Kleeberg-Niepage, 2007, S. 44).

Zunächst ist also festzuhalten, dass Arbeit für die KinderarbeiterInnen nichts zwanghaftes darstellt und somit die zuvor genannten Formen entschieden zurückgewiesen werden: 'Wir wenden uns gegen jede Art von Ausbeutung und weisen ebenso alles zurück was unsere körperliche und moralische Integrität verletzt' (Erklärung von Kundapur, 1996, o.S. zit. in Liebel 2007, S. 61).

Arbeit wird von den NATS durchaus als Notwendigkeit für das Erfüllen der eigenen Bedürfnisse oder denen anderer betrachtet, was durch Interviews mit einigen KinderarbeiterInnen klargelegt werden soll.

Der Kinderarbeiter Luis Miguel Vigo Sánchez bejaht die Frage, ob er seiner regelmäßigen Arbeit *freiwillig* nachgeht und erklärt, dass durch seinen Verdienst das Problem des Geldmangels in der Familie besser bewältigt werde. Außerdem schließt bei ihm die Arbeit den Schulbesuch nicht aus vgl.(Förderverein Manthoc Cajamarca, 2013, 01:17–02:02).

Auch der Kinderarbeiter Aurelio Tanta Pompa betont die Freiwilligkeit seiner täglichen Arbeit im Baugewerbe und nennt weiterhin, er benutze das Geld „für [s]eine Kleidung, die Materialien, für Essen und auch um es [s]einer Familie zu geben"(Förderverein Manthoc Cajamarca, 2013, 03:16–03:30).

Die Kinderarbeiterin Isela Guerra García nennt bei der Beschreibung ihrer Arbeit den Grund und weist wie die beiden zuvor darauf hin, dass es keine von außen auf sie wirkende Kraft gebe, die sie zu ihrer Arbeit zwingen würde:

„Ich arbeite, indem ich Kleider verkaufe und Armbänder mache. Ich verkaufe es für mich, damit ich zu meiner Bildung beitragen kann, für die Materialien, die ich in der Schule brauche. Für meine Familie. (...) Also ich arbeite für mich, niemand zwingt mich. Ich arbeite für mich, zur Unterstützung meiner Familie und für meine Geschwister, die ich habe" (Förderverein Manthoc Cajamarca, 2013, 10:04–10:28).

Eine weitere wichtige Anmerkung in diesem Zusammenhang macht die Kinderarbeiterin Lizeth Vásquez Aceijas: „Wir als Kinder, haben das Recht zu arbeiten" (Förderverein Manthoc Cajamarca, 2013, 05:21).

Dies zeigt, dass Arbeit grundlegend für die KinderarbeiterInnen ist, was auch im 2. Welttreffen der arbeitenden Kinder und Jugendlichen in Berlin deutlich wird, als sich die Delegierten Kinder zu ihrer Arbeit äußersten:
'Wir schätzen unsere Arbeit und betrachten sie als ein wichtiges Menschenrecht für unsere persönliche Entwicklung' (1.Welttreffen in Berlin, 2004, Berlin, o.S., zit. nach Liebel, S. 61).

Damit ist auch eine weitere andere Haltung zu erkennen, nämlich die eines anderen Verständnisses was die Entwicklung, die ja in der Kindheit ihren Anfang trägt, ausmacht. Ob die Arbeit einem die Kindheit sozusagen stehlen würde, beantwortet der bolivianische, dreizehnjährige Rubén Cruz mit der folgenden Aussage:

> „Nein. Es hat nur Vorteile, wenn man früher reifer, verständiger und verantwortungsvoller wird. Kinder, die nicht arbeiten, wissen nicht einmal den Verdienst ihrer Eltern zu schätzen. Und sie haben keine Ahnung vom Arbeitsleben, wenn sie später als Erwachsene zu arbeiten beginnen" (Kunath, 2015).

Den Worten Rubén Cruz zufolge, teilt er die Meinung, dass Arbeit der Entwicklung förderlich ist und nicht schaden kann, da es mehr als ein Wegweiser in das Erwachsenenleben bedeutet. Es dient einer teilweise sehr anstrengenden und harten, aber durchaus nicht abträglichen Vorbereitung auf das, was das Arbeitsleben im Erwachsenenalter bereithält.

Die Kinder messen ihrer Arbeit also Positives bei und plädieren nicht für ein Verbot. Ein solches auszusprechen, würde auch nicht zum erwünschten Ergebnis einer Aufwertung der Lebens- und Arbeitsbedingungen führen, was Kleeberg-Niepage mit folgenden Worten ausführt:

> „Ein generelles Verbot von Kinderarbeit wird abgelehnt, da es zum einen nicht der Lebensrealität der Kinder entspricht und zum anderen in praktizierten Fällen nicht zur intendierten Verbesserung des Lebens der Kinder beitragen konnte. Im Gegenteil werden die Kinder dann oft in die Illegalität gedrängt und sind noch schlimmeren Bedingungen ausgesetzt" (Kleeberg-Niepage, 2007, S. 254).

Es wird also durch dieses Zitat und auch die Aussagen der Kinder deutlich, dass Arbeit mit ihrem Lebensalltag konform geht und gleichzeitig benötigt wird, um eine bessere Bewältigung des Alltags zu erreichen. Außerdem bewahrt der Status *ArbeiterIn* davor, in die Illegalität abzurutschen.

Man muss sich außerdem vor Augen führen, dass Kinderarbeit viele Formen annehmen kann und daher bedarf es einer konkreten Definition. Da diese Studienarbeit die NATs in den Fokus stellt, ist Kinderarbeit auch in ihrem Sinne zu definieren. Ihrer Vorstellung von Arbeit will ich mit der mit der folgenden Begriffsbestimmung so nahe wie möglich kommen:

Kinderarbeit umfasst das regelmäßige, freiwillige und auch in dieser Situation unverzichtbare Ausüben von Arbeit, ausgeführt von Kindern und Jugendlichen, um erforderliche Güter zu beschaffen, verbunden mit dem Wunsch, eigene und Bedürfnisse Angehöriger zu erfüllen.

Der nächste Teil behandelt die Forderungen der Organisationen arbeitender Kinder und Jugendlicher. Grundlegend ist für die Kinder „die weltweite Verbindlichkeit der Menschenrechte, insbesondere der Rechte, die in der UN-Konvention über die Rechte des Kindes (1989) festgelegt sind", wobei die Mitglieder der NATs bemängeln, „dass die in der UN- Kinderrechtskonventionen vorgesehenen Partizipationsrechte 'nicht ausreichend sind, denn sie werden in der Praxis nicht respektiert' (V. Lateinamerikanisches und karibisches Treffen der Bewegung arbeitender Kinder, 1997, o.S. zit. in Liebel 2007, S.59).

Daraus ergibt sich auch die Forderung der NATs, eine umfassende Mitwirkung in der Politik zu verlangen. Durch ihre Tätigkeit als ArbeiterInnen, die „zur Entwicklung ihrer Gesellschaften beitragen" (Liebel, 2007, S. 62), wollen sie mehr Mitbestimmung gewährleistet bekommen „und das nicht nur in marginalen Fragen, sondern in allen gesellschaftlichen Belangen"(Kleeberg-Niepage, 2007, 254 f.).
Von den „westlichen Kindheitsvorstellungen" d.h. der Vorstellung, dass ein Kind auf „Schule und Spiel" reduziert wird, distanzieren sie sich (Kleeberg-Niepage, 2007, S. 254).

Auch wenn in vorherigen Ausführungen bereits betont wurde, dass Kinder ihre Arbeit ausüben *wollen*, müssen sie dies meist noch in das Bewusstsein der Erwachsenen und Politikern bringen, also „ (...) wird in verschiedenen Worten immer wieder ein Recht eingefordert, das in der UN-Konvention gar nicht vorgesehen ist: das Rechts des Kindes zu arbeiten"(Liebel, 2007, S. 60).

Dabei wird sehr kritisiert, dass man sich als Kind der „Vormachtstellung von Erwachsenen" ergeben muss, was auch oftmals bedeutet, nicht das Recht zu haben die Entscheidungen , die ein Erwachsener über die Kinder fällt, anzuzweifeln.

Dabei sehen sich die Kinder und Jugendlichen als diejenigen, die „ihre eigene Situation am besten kennen" und somit ihre Selbstständigkeit wahren wollen, was damit einhergeht, selbst für die eignen Belange einzutreten vgl. (Liebel, 2007, S. 61).

Weitere Forderungen beinhalten, dass „Armut und Ausbeutungsverhältnisse ins Visier" genommen werden, die Arbeit „in Würde" geschehen soll, die Gesundheit keinen Schaden davon trägt und dass trotzdem genügend Raum für das Kindsein bleibt, also das Spielen, sowie der Gang in die Schule (ProNATs e.V., o.J.). Außerdem ist der Wunsch vorhanden, „bessere Bildungsmöglichkeiten" und Hilfe bei gesundheitlichen Problem zu erhalten vgl.(ProNATs e.V., o.J.).

Zusammenfassend hat dieses Kapitel die Sichtweisen, die in einem enorm großen geographischen Raum vertreten werden, in den Vordergrund gestellt und versteht sich somit als eine Formulierung ausschlaggebender Ergebnisse, die als Basis für das Verständnis des nächsten Kapitels dienen.

Die gemachten Erkenntnisse weisen darauf hin, dass ein Postionenwechsel, hin zu den Ausführenden der Kinderarbeit wegweisende Standpunkte und Haltungen eröffnet, die man als Außenstehender, zwar schwer erahnen würde, aber gerade deshalb wahrnehmen sollte. Ein weiterer Blick auf die Strukturen der arbeitenden Kinder und Jugendlichen in Peru soll die Möglichkeiten der Selbstorganisation und Selbsthilfe vertiefen.

3. Beispiel Peru - Bewegung der Kinder und Jugendlichen aus christlichen Arbeiterfamilien

Ein weiterer Zielsetzung dieser Arbeit ist die Konkretisierung der Frage auf Peru. Ein spezielles Land und deren Organisation vorzustellen, die Vorsätze in die Realität umwandelt, schien mir im Rahmen dieser Arbeit fundamental, um mit den zuvor herausgearbeiteten Ergebnissen nicht zu allgemein zu bleiben. Im Folgenden soll nun also untersucht werden, welche Aufgaben die ausgewählte Organisation in Angriff nimmt.

Vorab sollen aber noch Angaben bezüglich der Bevölkerungszahl und der Anzahl an Kindern und denen die arbeiten dargelegt werden. In Peru leben 31,49 Millionen Menschen vgl.(Auswärtiges Amt, 2016).

Im Jahr 2014 belief sich die Zahl der Gesamtbevölkerung auf 31,42 Millionen (Statista GmbH, o.J.) und 37% davon waren Kinder unter 18 Jahren (UNICEF, 2014), was einer Zahl von 11,6 Millionen Kindern entspricht.

2016 arbeiteten 34% der in Peru lebenden Kinder (Fau, 2016) und wenn man die Angabe von 11,6 Millionen zur Berechnung der aktuellen Zahl der KinderarbeiterInnen verwendet, kommt man ca. auf 4 Millionen arbeitende Kindern und Jugendlichen.

Diese Zahl soll lediglich dazu dienen, ein ungefähres Bild der momentanen Arbeitssituation darzustellen.

Die spanische Bezeichnung der Organisation lautet MANTHOC, dieses Akronym der Namensbezeichnung setzt sich zusammen aus *Movimiento de Adolescentes y Ninos trabajadores Hijos de Obreros Cristianos und* lässt sich, wie in der Überschrift genannt, als Bewegung der Kinder und Jugendlichen aus christlichen Arbeiterfamilien ins Deutsche übersetzen vgl.(Kleeberg-Niepage, 2007, S. 256).

Die Organisation wurde 1978 von „der christlichen Arbeiterjugend Perus" ins Leben gerufen(Holm, 1997, S. 186).

Die folgenden Ausführungen beruhen auf Kleeberg-Niepage (Kleeberg-Niepage, 2007, 256 f.) und Holm (Holm, 1997, 186 ff.).

Die Idee, eine solche Organisation zu gründen, kam dadurch zutage, dass Eltern ihre Arbeit für einige Zeit im Rahmen eines Streikes niederlegten und ihre Kinder infolgedessen arbeiten gingen, um den Verlust des eingebüßten Lohnes wieder gutzumachen. Die Arbeiterjugend äußerte dann den Vorschlag sich als die Organisation MANTHOC zusammenzuschließen, deren Gruppen sich am Anfang auf drei Elendsviertel der Hauptstadt beschränkte, die inzwischen aber in acht weiteren Städten des Landes angesiedelt sind.

Zu Beginn gab es „den Versuch Arbeitsrechte auch auf Kinderarbeit zu übertragen"(Kleeberg-Niepage, 2007, S. 256). Inzwischen ist die Aufgabe der Gruppen „praktische Probleme, mit denen arbeitende Kinder konfrontiert sind" zu beheben

(Holm, 1997, S. 186) Dies geschieht u.a. im Zuge einer aufsuchenden Arbeit auf den Straßen Perus, bei denen Kinder, die „vereinzelt und in Konkurrenz zueinander um ihr Überleben kämpfen"(*Manthoc, o.J., S. 1*).

Deswegen bezeichnet Kleeberg-Niepage die Hilfestellung MANTHOCs, als eine an der Lebenswelt orientierte, die Kinder berücksichtigt, die sich in nächster Nähe befinden vgl.(Kleeberg-Niepage, 2007, S. 256).

Die Angebote werden in den „offene[n] Häuser[n]" realisiert „in denen die Kinder essen, ausruhen, Schularbeiten machen und bei Bedarf auch übernachten können sowie Rechts- und Bildungsberatung und Unterstützung bei der medizinischen Versorgung erhalten"(Kleeberg-Niepage, 2007, 256 f.) Zusätzlich gibt es „Seminare und Grundbildungsveranstaltungen", die nicht nur das Erlernen von „Rechnen, Lesen und Schreiben" anbieten sondern auch aufzeigen, wie „der Umgang mit Behörden und v.a. der Polizei" erlernt wird (Kleeberg-Niepage, 2007, S. 257).

Ein weiteres Ergebnis, das durch MATHOC erzielt wurde, ist die Gründung einer Schule im Jahr 1989, die auf „die spezifischen Bedürfnisse von Straßenkindern" zugeschnitten ist(Holm, 1997, S. 187). Die Schüler sind meist zwischen sechs und fünfzehn Jahre alt, die meist nachmittags und abends in den Unterricht gehen, um die restliche Zeit, einer Arbeit nachzugehen vgl. (*Manthoc, o.J., S. 1*).

Es werden v.a. die „Kommunikationsfähigkeiten (Verstehen, mündlicher und schriftlicher Ausdruck, Sätze bilden)" gefördert(Holm, 1997, S. 187). Hierbei ist „den Kindern reden zu können" besonders wichtig, „denn sie leben davon, dass sie ihre Waren anpreisen können"(*Manthoc, o.J., S. 1*).Andere Lehrinhalte sind z.B. die Förderung im Bereich der Mathematik, die so ausgerichtet ist, dass sie in ihrem Lebensalltag eingesetzt werden kann oder das Erlernen des Schreiner- Kunsthandwerks, das durchaus für den zukünftigen Verkauf von selbst angefertigten Produkten, gedacht ist vgl.(Holm, 1997, S. 188).

Ich habe hier nur eine kleine Auswahl an Lehrprogramm vorgestellt, bei denen aber betont werden muss, dass allesamt „von den Kindern wesentlich mitbestimmt" wurde(Holm, 1997, S. 187). Die im zweiten Kapitel der Hausarbeit erwähnte Partizipation, die von den Kindern gefordert wird, kann also in der Organisation MANTHOC entfaltet werden.

Finanziert wird die Organisation von Spenden und den Beiträgen der Mitglieder sowie vgl.(Kleeberg-Niepage, 2007, S. 257) „seit vielen Jahren durch das Kinderhilfswerks *terre des hommes* [Hervorhebung im Original] (...)"(Kleeberg-Niepage, 2007, S. 257).

Die Bewegung der Kinder und Jugendlichen aus christlichen Arbeiterfamilien sind ein Beispiel dafür, wie eine Bewegung die Rechte der Kinder z.b. das auf Bildung mit einer eigenen Idee zur Umsetzung verwirklicht, was an der Idee einer Schule mit von Kindern ausgearbeitetem Lehrplan gezeigt wird. Auch das Angebot der offenen Häuser, die ein Augenmerk auf die Bedürfnisse der Einzelnen richten, stellt eine durchaus attraktive Anlaufstelle für die mit zahlreichen Problemen konfrontierten Straßenkinder dar.

Kinderarbeit wird also folglich von dieser Bewegung mit all den Folgen, die sie mit sich führt wahrgenommen und durch die Angebote wird versucht, eine Verbesserung ihrer Lebens und Arbeitsbedingungen zu erzielen.

4. Schluss

Bei der Beantwortung der Fragestellung hat sich als wesentliches Ergebnis ergeben, dass deutliche Unterschiede, die im westlichen Denken bezüglich Kinderarbeit vorherrschen, vorliegen. Die von mir formulierte Definition der Kinderarbeit soll das Denken der NATS realitätsgetreu abbilden und die Interpretationsmöglichkeiten seitens der westlichen Welt einschränken.

Weitere Erkenntnisse über die Forderungen sind als ergänzende Schlussfolgerungen ausgearbeitet worden, damit nicht die Frage offen bleibt, welche Ansprüche es letztendlich ist, welche die Kinder und Jugendlichen an ihre Umwelt stellen.
Was eine Kinderorganisation im konkreten Fall macht, ist durch die peruanische Organisation behandelt worden, die sich u.a. einer anderen, noch stärker benachteiligten Gruppe, die der Straßenkinder zuwendet. Eine nähere Betrachtung

dieser Kinder und Jugendlicher wäre zweifellos als Thema einer weiteren Hausarbeit denkbar.

Die Auseinandersetzung mit den Sichtweisen der Kinder hat mein eigenes Denken über die Kinderarbeit maßgeblich verändert. Plakate oder Internetanzeigen diverser Organisationen, die dazu aufrufen Kinderarbeit zu verbieten, werfen meiner Meinung nach ein verzerrtes oder oftmals sogar verfälschtes Bild auf die Situation. Ich möchte hierbei jedoch betonen, dass meine Arbeit nicht als eine Hommage an die Kinderarbeit verstanden werden soll.

Mein Wunsch war lediglich, zu einer veränderten Wahrnehmung dieses Phänomens beizutragen, bei dem es ausschlaggebend ist, die Lebensumstände zu berücksichtigen. Die Stimme der arbeitenden Kinder und Jugendlichen, die die Notwendigkeit ihrer Arbeit gar nicht infrage stellen, sollte von jedem Einzelnen, der die Kinderarbeit verurteilen will, erst angehört werden, um anschließend aus einem anderen Blickwinkel, einem der näher am Alltag der Kinder ist, ein Urteil zu fällen.

Literaturverzeichnis

Auswärtiges Amt. (2016). *Peru,* Auswärtiges Amt. Zugriff am 16.12.2016. Verfügbar unter http://www.auswaertiges-amt.de/DE/Aussenpolitik/Laender/Laenderinfos/01-Nodes_Uebersichtsseiten/Peru_node.html

Charbonneau, N. (2016). *Kinderarbeit: Die sieben wichtigsten Fragen und Antworten.* Zugriff am 18.11.2016. Verfügbar unter https://www.unicef.de/informieren/aktuelles/blog/2015/kinderarbeit/78828

Fau, V. (2016). *Kinder in Peru. Die Verwirklichung von Kinderrechten in Peru,* Humanium-Gemeinsam für Kinderrechte. Zugriff am 17.12.2016. Verfügbar unter http://www.humanium.org/de/amerika/peru/

Förderverein Manthoc Cajamarca. (2013). *Was bedeutet Kinderarbeit?,* Förderverein Manthoc Cajamarca. Zugriff am 23.11.2016. Verfügbar unter http://www.förderverein-manthoc-cajamarca.de/index.php?id=21

Gottschling, J. (2015). *Neue Rundschau » terre des hommes – Kinderarbeit: Ausbeutung beenden, aber nicht jede Form der Arbeit verbieten,* Neue Rundschau. Zugriff am 19.11.2016. Verfügbar unter https://rundschau-hd.de/2015/06/terre-des-hommes-kinderarbeit-ausbeutung-beenden-aber-nicht-jede-form-der-arbeit-verbieten/

Holm, K. (1997). Straßenkinder und arbeitende Kinder in Lateinamerika: Ursachen und sozialpädagogische Konzepte. In C. Adick (Hrsg.), *Straßenkinder und Kinderarbeit. Sozialisationstheoretische, historische und kulturvergleichende Studien* (Historisch-vergleichende Sozialisations- und Bildungsforschung, Bd. 1, S.167-191). Frankfurt am Main: IKO - Verl. für Interkulturelle Kommunikation.

Kleeberg-Niepage, A. (2007). *Kinderarbeit, Entwicklungspolitik und Entwicklungspsychologie. Arbeitende Kinder als Herausforderung für die universalisierte eurozentrische Konstruktion von Kindheit* (Studien zur Kindheits- und Jugendforschung, Bd. 51). Hamburg: Kovač.

Kunath, W. (Frankfurter Rundschau, Hrsg.). (2015). *Kinderarbeit: „Niemand wird sagen, dass ich faul bin".* Zugriff am 08.12.2016. Verfügbar unter http://www.fr-online.de/arbeit--unsere-religion-/kinderarbeit--niemand-wird-sagen--dass-ich-faul-bin-,30242698,30273690.html

Liebel, M. (1997). Kinderrechte und Kinderbewegungen in Lateinamerika. *Neue Praxis, 27* (2), 117-127.

Liebel, M. (2001). *Kindheit und Arbeit. Wege zum besseren Verständnis arbeitender Kinder in verschiedenen Kulturen und Kontinenten* (Internationale Beiträge zu Kindheit, Jugend, Arbeit und Bildung, Bd. 7). Berlin: IKO - Verl. für Interkulturelle Kommunikation.

Liebel, M. (2007). Arbeitende Kinder des Südens. In C. Reklau & R. Lutz (Hrsg.), *Zugänge* (Sozialarbeit des Südens, Bd. 1, S.53-66). Oldenburg: Paulo Freire Verlag.

Liebel, M. & Lutz, R. (Hrsg.). (2010). *Kindheiten und Kinderrechte* (Sozialarbeit des Südens, Bd. 3).

Manthoc. Kinderselbsthilfe-Projekt in Peru. (o.J.) Zugriff am 10.11.2016. Verfügbar unter   http://www.provinz.bz.it/kulturabteilung/download/Manthoc_dt.pdf

ProNATs e.V. (o.J.). *Bewegungen arbeitender Kinder und Jugendlicher,* ProNATs e.V. Zugriff am 10.11.2016. Verfügbar unter http://www.pronats.de/informationen/die-kinderbewegungen/kinderbewegungen/

Quetzal. Leipziger Lateinamerika-Verein. (1995). *Informeller Sektor,* Quetzal. Leipziger Lateinamerika-Verein. Zugriff am 19.11.2016. Verfügbar unter http://www.quetzal-leipzig.de/lexikon-lateinamerika/informeller-sektor-19093.html

Statista GmbH. (o.J.). *Peru - Gesamtbevölkerung bis 2016 | Statistik.* Zugriff am 20.12.2016. Verfügbar unter https://de.statista.com/statistik/daten/studie/323616/umfrage/gesamtbevoelkerung-von-peru/

UNICEF. (2014). *UNICEF Perú - Situación del país - Situación de la niñez,* UNICEF Perú. Zugriff am 20.12.2016. Verfügbar unter https://www.unicef.org/peru/spanish/children_13264.htm

Weber, H. (Don Bosco Jugend Dritte Welt, Hrsg.). (o.J.). *Südamerika/Lateinamerika.* Zugriff am 27.11.2016. Verfügbar unter http://www.strassenkinderreport.de/index.php?goto=81&user_name=

BEI GRIN MACHT SICH IHR
WISSEN BEZAHLT

- Wir veröffentlichen Ihre Hausarbeit,
  Bachelor- und Masterarbeit

- Ihr eigenes eBook und Buch -
  weltweit in allen wichtigen Shops

- Verdienen Sie an jedem Verkauf

Jetzt bei www.GRIN.com hochladen
und kostenlos publizieren